COLLECTION

DES

MORALISTES ANCIENS.

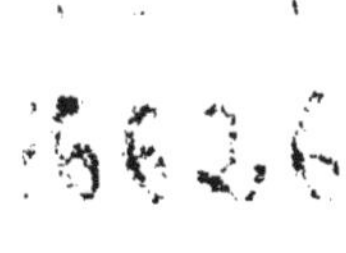

COLLECTION

DES

MORALISTES ANCIENS,

DÉDIÉE AU ROI.

A PARIS,

Chez DIDOT L'AÎNÉ, Imprimeur du Clergé,
en surv. rue Pavée S. A.

Et DE BURE L'AÎNÉ, Quai des Augustins.

M. DCC. LXXXII.

CARACTERES

DE THÉOPHRASTE,

ET

PENSÉES MORALES

DE MÉNANDRE.

TRADUITS PAR M. LEVESQUE.

VIE

DE THÉOPHRASTE.

Si les talents qui tiennent à l'esprit peuvent être étouffés par le malheur & recevoir de grands secours des avantages de la fortune; il est aussi bien difficile, dans le sein des richesses , de préférer des veilles laborieuses au doux repos de la volupté. C'est pourquoi l'on a remarqué dans tous les temps que l'homme qui doit un jour s'élever au - dessus des autres par les productions de son génie, naît le plus ordinairement dans cet état d'infortune ou de médiocrité qui impofe la néceffité du travail.

Il eft vrai que, dans cette fitua-tion penible, l'homme rampant & lâche n'eft arraché à l'inaction que par les befoins phyfiques qui le pref-fent : mais fi, noble & fier, il fut jetté par le fort dans les derniers rangs de la fociété, il s'indigne du mépris de la tourbe brillante qu'en-orgueillit le hafard de la naifsance ou les faveurs de la fortune, s'éleve, par l'efsor du génie, au-defsus de tous les rangs, & fe venge, par l'admiration qu'il infpire, d'une in-jufte abjection.

C'eft ainfi que Théophrafte ofa

lutter contre les rigueurs du sort. Il prit naifsance dans une clafse commune : Mélanthe, fon pere, étoit fimple foulon : Erefse, dans l'isle de Lesbos, fut fa patrie.

Les voifins de cet enfant que la Grece devoit un jour admirer, le croyoient condamné pour toujours à fuivre l'obfcure induftrie de fon pere. Mais, par bonheur, un certain Alcippe ou Leucippe (1) donnoit dans Erefse des leçons de philofo-

______

(1) Leucippe d'Abdere fut l'auteur des principes développés depuis par Démocrite, fon difciple, & par Epicure. Mais le Leucippe dont il s'agit ici étoit de cette même ville d'Erefse où il tenoit école.

B

phie, & reçut le jeune Théophraſte au nombre de ſes diſciples.

Il ne pouvoit être long-temps retenu dans cette école peu floriſsante, lorſque la Grece entiere retentiſsoit de la gloire de Platon. On accouroit de toutes parts aux leçons de cet éloquent philoſophe ; ſon ardente imagination échauffoit tous les eſprits ; les fiers tyrans de la Sicile, trop corrompus pour goûter ſes principes, vouloient du moins le compter au nombre de leurs courtiſans, & le jeune Théophraſte ſe crut digne de l'entendre.

Il s'embarqua, vint à Athenes, fut reçu dans l'académie, & ſuivit long-temps le brillant diſciple de Socrate. Mais il le quitta pour Ariſtote, lorſque ce génie ambitieux, las de n'être célebre que par les principes de ſon maître, entreprit d'élever école contre école, & doctrine contre doctrine.

Notre jeune philoſophe avoit juſques-là porté le nom de Tyrtame; mais ce nom peu ſonore bleſſoit l'oreille délicate de ſon nouveau maître : Ariſtote lui donna celui de Théophraſte (1), par lequel il rendoit une sorte d'hommage à la divine éloquence de ſon diſciple.

____

(1) THÉOPHRASTE, qui a un langage divin, une divine éloquence.

B ij

Cependant la religion des Grecs, apportée par les colonies égyptiennes & phéniciennes qui les avoient policés, altérée à la fois & embellie par les inventions ingénieuses de leurs propres poètes, & embarrassée des stupides erreurs du vulgaire, étoit hérissée de tous les genres de superstitions. Mais ces superstitions, ridicules aux yeux des sages, étoient cheres aux prêtres & aux victimaires, qu'elles enrichissoient, & au peuple, qui aime mieux être séduit qu'éclairé. On soupçonnoit Aristote de ne pas croire à l'efficacité des sacrifices ; les dévots, & sur-tout les hypocrites, se préparoient à intenter contre lui une accusation d'impiété : il chercha, contre ses ennemis, une retraite à Chalcis, dans l'isle d'Eubée, voulant, disoit-il, épargner aux Athéniens un nouveau crime contre la philosophie.

Aucun de ses disciples ne montroit les mêmes talents que Théophraste ; ce fut lui qu'en partant il mit à la tête de son école, 322 ans avant notre ere.

LE péripatétisme ne pouvoit dégénérer sous un tel maître. Théophraste réunit plus de deux mille disciples. Il ne dédaigna pas de faire partager ses leçons à Pompyle, l'un de ſes eſclaves, perſuadé que les fruits de la ſageſse doivent être prodigués à tous ceux qui sont capables de les goûter.

C'eſt auſſi de ſon école que ſortit Ménandre, l'auteur le plus célebre de la nouvelle comédie. Il porta ſur le théâtre la pureté de ſtyle, l'honnêteté de mœurs, & la philoſophie, qu'il avoit puiſées dans les leçons de ſon maître. Le temps nous a envié la lecture de ſes ouvrages; mais quelques unes des ſages maximes dont ils étoient nourris sont parvenues juſqu'à nous : les beaux jours, que ceux où l'homme oiſif, qui n'alloit au théâtre que pour charmer fon ennui, en rapportoit les maximes les plus utiles de la fagefse !

Si nous ne connoiſſions de Théophraſte que des écrits, nous héfiterions encore à lui donner une place entre les vrais philofophes. Des fpéculations juftes, profondes, ingénieufes, fupérieures aux conceptions du vulgaire, conftituent le talent & non la philofophie. Elle confifte dans la pratique de la vertu, mais de la vertu éclairée par la raifon. Théophrafte le favoit : il ne fe diftingua pas moins par la douceur de fes mœurs & par fon caractere humain & bienfaifant, que par fes lumieres & fon éloquence.

L'amour de ſes concitoyens fut la
récompenſe de ſes vertus : l'admiration des étrangers & l'eſtime des rois
furent l'hommage qu'obtinrent ſes
talents. Il ſe vit honoré de Caſſan-
dre, fils d'Antipater & roi de Macédoine; Ptolémée, roi d'Egypte, tenta
de l'attirer auprès de lui. Le sage, s'il
eſt homme privé, ne conſume point
ſa vie à la suite des cours; mais il eſt
ſenſible à l'eſtime des princes, parcequ'elle prouve en eux des qualités
qui peuvent être utiles aux nations.

Les amis de la ſageſse peuvent
reconnoître, par l'exemple de Théophraſte, combien eſt grande leur
imprudence quand ils dédaignent

l'eſtime du peuple, qu'ils affectent trop ſouvent de mépriſer. Un certain Agnonide ne craignit pas d'accuſer notre ſage d'impiété : il ſe promettoit de le perdre ; mais il ne fit qu'attirer ſur lui-même l'indignation des citoyens, & eut beaucoup de peine à éviter ſa propre condamnation.

Tant d'amour ne put cependant aſſurer le repos à Théophraſte. Sophocle, fils d'Amphiclide, porta une loi (1) qui défendoit, ſous peine de la vie, à aucun philoſophe de tenir école, ſans y être autoriſé par un décret du ſénat & du peuple. Il jouiſ-

____

(1) 306 ans avant l'ere vulgaire.

soit apparemment d'un afsez grand crédit pour rendre cette claufe inutile, & le décret ne pouvoit s'obtenir. Tous les philofophes fortirent d'Athenes ; mais leur exil ne fut pas de longue durée. Sophocle fut accusé l'année fuivante à fon tour, & condamné à une forte amende. Les philofophes furent rappellés, & Théophrafte eut la permiffion de rouvrir fon école.

Bien des gens, parceque leur efprit eft étroit, croient que l'intelligence d'un feul homme ne peut embraffer qu'un feul objet. Ce n'eft pas ainfi que penfoit l'aimable & fage fuccefseur d'Ar333tote. Il trouva dans son application assidue, dans la vaste étendue de son génie, dans la netteté de ses idées, dans la vivacité de sa conception, enfin dans la longue durée de sa vie, le moyen de suivre avec succès tous les genres d'étude. Il laissa un grand nombre d'ouvrages sur des matieres de logique, de physique, de métaphysique, de morale, de géométrie, de physiologie, de politique, d'histoire naturelle, de médecine, de littérature, de poétique, de rhétorique, de musique, de grammaire, & ne dédaigna pas même d'écrire deux livres sur l'amour.

Diogene Laërce nous a conservé

les titres de ses ouvrages, qui for‑
moient plus de 400 volumes.

« On dit qu’il accusoit, en mou‑
« rant, la nature d’avoir prodigué
« aux cerfs & aux corneilles une
« longue vie qui leur est inutile, &
« de n’avoir accordé aux hommes
« qu’un si petit nombre d’années ;
« eux qui, si leurs jours eussent été
« prolongés , pourroient pénétrer
« toutes les sciences & conduire les
« arts à leur perfection (1). »

____

(1) Theophrastus autem moriens accu‑
sasse naturam dicitur, quod cervis & cor‑
nicibus vitam diuturnam, quorum id nihil
interesset ; hominibus, quorum maximè
interfuisset, tam exiguam vitam dedisset :
quorum si ætas potuisset esse longinquior,

Mais cette pensée peche par la justesse, & n'est pas digne de l'éleve d'Aristote. Il devoit avoir appris de son maître ce que les observations des modernes ont confirmé, que, de tous les animaux, excepté l'éléphant, c'est l'homme qui jouit de la plus longue vie (1).

Les Grecs confirmerent le jugement d'Aristote, & regarderent l'éloquence de Théophraste comme divine. Cicéron l'appelle le plus élé-

---

futurum fuisse ut, omnibus perfectis artibus, omni doctrinâ hominum vita erudiretur. Cic. Tusc. Quæst. III. 28.

(1) Homo plus temporis vivit, quàm quodvis animal, excepto uno elephante : quod quidem, experientiâ ad huc fide

gant & le plus savant des philosophes (1).

Sénèque, qui lui étoit un peu
moins favorable, & qui ne vouloit
pas admettre la divinité de son éloquence, lui accordoit au moins une
élocution douce, claire, & qui ne
sentoit pas le travail (2).

Un trait de sa vie nous fait connoître la délicatesse de l'oreille athénienne. Il étoit venu jeune à Athè-

dignâ, fit cognitum. ARIST. de gener.
anim. V. 10. Il ne faut entendre cela que
des animaux qui respirent l'air ; car on sait
que plusieurs especes de poissons vivent
bien plus long-temps que l'homme & peut-
être même que l'éléphant.

(1) Elegantissimus omnium philosopho-

nes, il n'avoit presque pas quitté cette ville, & l'élégance de sa diction lui avoit mérité tous les suffrages ; cependant il n'avoit pu saisir toute la finesse de la prononciation attique. Il marchandoit un jour quelque chose à une bonne femme : « Etranger, lui dit-elle, je ne puis « le donner à moins ». Elle reconnoifsoit à son accent qu'il n'étoit pas d'Athenes, & cette observa-

---

rum & eruditissimus. Cic. Tusc. Quæst. V. 9.

(2) In hâc sententiâ licet ponas Aristotelem, & discipulum ejus Theophrastum, non, ut Græcis visum est, divini, tamen & dulcis eloquii virum & nitidi, sine labore. Sen. Nat. Quæst. VI. 13.

tion fit quelque peine au philosophe (1).

Suivant Diogene Laërce, il est
mort à quatre-vingt-cinq ans : mais
tous les manuscrits de ses Caracteres
portent qu'il les a écrits à l'âge de
quatre-vingt-dix-neuf ans. On con-
jecture, d'un passage de S. Jérôme,
qu'il est mort à cent sept ans. Il est
vrai que S. Jérôme semble parler
d'un Thémistocle : mais comme il
lui fait dire en mourant à-peu-près les
mêmes paroles que Cicéron attribue

----

(1) Ut ego jam non mirer illud Theo-
phrasto accidisse quod dicitur, cùm per-
cunctaretur ex anicula quadam, quanti
aliquid venderet, & respondisset illa, at-

à Théophraste, on croit qu'il est en effet question de notre philosophe, & que son nom a été corrompu par l'ignorance des copistes. Ce qui peut inspirer quelque défiance, c'est que plusieurs écrivains ont conservé les noms des philosophes dont la durée de la vie a été extraordinaire, & qu'ils ont gardé le silence sur Théophraste. Jouissons du peu qui nous reste de ses écrits : qu'importe à présent l'âge qu'il avoit quand il les a composés, & le temps de sa mort ?

---

que addidisset : hospes, non pote minoris, tulisse eum molestè se non effugere hospitis speciem, cùm ætatem ageret Athenis, optimèque loqueretur. Cic. in Brut. 46.

On pourra nous reprocher d'avoir traduit de nouveau un ouvrage que la Bruyere a déjà publié dans notre langue. Nous croyons que notre traduction est plus fidele & plus précise : mais nous aurons toujours tort, si la sienne est plus agréable.

On condamnera peut-être Théophraste lui-même : on ne lui pardonnera pas d'avoir peint les hommes qu'il voyoit, & non ceux que nous connoifsons ; les mœurs de son siecle, & non celles du nôtre. Il est vrai cependant qu'il a repréfenté l'homme tel qu'il est, tel que nous le voyons encore : il n'y a que les habits de changés.

Nous efpérons que quelques lecteurs fe plairont à voir leurs femblables revêtus de ce vieux coftume, comme nous aimons à voir les portraits de Van-Dyck, comme nous reconnoifsons qu'ils ont dû refsembler, quoique les ajuftements de fes figures foient fort différents de nos modes.

CARACTERES

DE

THÉOPHRASTE.

J'AI déjà souvent fixé mon attention sur le sujet que j'entreprends
aujourd'hui de traiter : je me suis
toujours étonné, & je ne cesserai
jamais d'être surpris que les Grecs,
qui tous respirent un même ▓ & re-
çoivent la même éducation, n'aient
pas tous aussi les mêmes mœurs (1).

(1) D'où vient l'étonnement de Théophraste ? Ne doit-il pas se trouver dans

Depuis long-temps, mon cher Polyclès, j'obferve la nature humaine. J'ai vécu quatre-vingt-dix-neuf ans, j'ai bien fréquenté des hommes, & j'en ai vu de toutes les humeurs. Après avoir comparé avec tout le soin dont je suis capable les bons & les méchants, j'ai cru pouvoir décrire la conduite des uns & des autres, & je vais vous préfenter une efquiffe générale de leurs caracteres & de leur maniere de fe comporter habituellement dans le monde.

---

l'organifation intérieure de l'homme les mêmes différences que nous remarquons dans fa conformation extérieure ? De cette variété réfulte celle des paffions, des mœurs, des caracteres, de la façon de penfer & de fentir, &c.

J'ose espérer que de semblables mémoires, transmis à nos enfants, ne leur seront pas inutiles, & pourront contribuer à les rendre meilleurs. La jeunesse, éclairée par les exemples différents que je lui vais offrir, saura ne rechercher, ne fréquenter que les hommes les plus honnêtes, & apprendre d'eux à ne leur pas céder en vertus (1).

Mais j'entre en matiere; suivez-moi, & daignez m'avertir si je me trompe. Je ne veux pas vous ennuyer d'une longue préface; j'omets tous

___

(1) On voit qu'il entroit dans le plan de Théophraste de traiter les caracteres des vices & des vertus. Ou il n'a pas eu le temps de remplir son projet, ou nous avons perdu la partie de son ouvrage qu'il avoit consacrée à la peinture des caracteres ver-

les préliminaires que je pourrois établir sur le sujet que je traite. Je vais d'abord vous parler de la fausseté, la définir : je vous peindrai l'homme faux, je ferai connoître les vices auxquels ils est entraîné, & j'essaierai ensuite, comme je vous l'ai promis, de crayonner légèrement le tableau des autres passions.

I. DE LA FAUSSETÉ. (1)

Si l'on se contente de faire une simple définition de la fausseté, on

tueux. Il ne nous reste que les caractéres vicieux ou ridicules ; encore n'ont-ils pas tous été conservés.

(1) Il me semble que le mot fausseté rend mieux le sens de l'auteur, que celui de dissimulation, employé par la Bruyere. Il y a dans le texte, *ironie* ; & il faut ob-

peut dire qu'elle confifte à mettre de la feinte dans fes actions & dans fes difcours pour une mauvaife fin.

L'homme faux borde fon ennemi, lui parle, & femble avoir perdu tout refsentiment. Il loue en leur préfence ceux dont il prépare la perte ; &, quand il a confommé leur ruine, il affecte de les plaindre. A l'en croire, il pardonne volontiers à ceux qui difent du mal de lui. Vous ne l'entendez parler qu'avec indifférence des mauvais propos

---

ferver que les Grecs diftinguoient deux fortes d'ironie. L'une confiftoit à feindre de louer ce qu'on blâmoit en effet, mais fans chercher à tromper perfonne, & pour rendre, par cette amere plaifanterie, le vice encore plus odieux : c'étoit l'ironie de Socrate. L'autre confiftoit à mettre de la

D

qu'on tient fur fon compte : il cherche à calmer, par une perfide douceur, les perfonnes qui fe plaignent
du tort qu'il leur a fait.

Avez-vous une affaire prefsée à
lui communiquer ? il vous priera de
revenir ; il fuppofera qu'il n'eft arrivé que le foir de la campagne, &
qu'il eft accablé de fatigue (1). Jamais il ne conviendra qu'il fait une
chofe : il dira tout au plus qu'il fe

---

feinte dans fes actions ou dans fes difcours,
avec l'intention de tromper : & c'eft celle
dont parle Théophrafte. N'eft-ce pas là ce
que nous appellons de la faufseté ?

(1) Je crois qu'il y a ici une tranfpofi-
tion dans le texte. Le fens eft que l'homme
faux vous dit de revenir, & vous donne
pour raifon, qu'il ne fait que de rentrer,
& qu'il eft accablé de fatigue. Mais ces

confulte, qu'il n'a pas pris fon parti.

Veut-on lui emprunter de l'argent, ou le faire contribuer à fecourir un malheureux ? fon commerce ne lui rapporte rien : mais, quand il ne vend rien en effet, il fe vante d'avoir un commerce florifsant.

Il vous foutiendra qu'il n'a pas vu ce qu'il a vu ; qu'il n'a pas entendu ce qu'il a fort bien entendu. Ce dont il eft convenu, il l'a ou-

---

deux phrafes, liées par le fens, sont séparées, dans le grec, par celle où il eft dit que l'homme faux ne convient jamais de ce qu'il fait. La Bruyere, qui ne s'eft pas apperçu de cela, a paraphrasé fon auteur pour lui donner un fens raifonnable, qu'il auroit trouvé tout naturellement en remettant chaque membre de phrafe à fa place.

blié. A ce que vous lui dites, il répond qu'il examinera, qu'il ne sait
pas, qu'il est étonné.

Quelquefois il avouera qu'il fut
un temps où il pensoit comme vous.
Il a l'adresse de n'employer que les
formules suivantes : « Je ne crois
« pas… Je ne saurois concevoir…
« Je suis surpris ». Il vous dira qu'il
a été tout autre dans un autre temps.
Il pourra bien vous dire aussi : « Mais
« ce n'est point du tout cela qu'on
« m'a raconté… La chose me pa-
« roît incroyable… Persuadez cela
« à d'autres… Je ne sais si je dois
« vous croire, & le soupçonner de
« mauvaise foi. »

Gardez-vous bien de donner légèrement votre confiance à ses discours entortillés & captieux : il n'y

a pas de plus déteftable manege. Fuyez, comme le plus dangereux ferpent, ces gens dont les mœurs n'ont rien de fimple, & dont toute la conduite eft infidieufe.

II. DE LA FLATTERIE.

ON peut regarder la flatterie comme un langage honteux, qui s'accorde avec les intérêts du flatteur.

Le flatteur fe promene-t-il avec quelqu'un ? « Voyez, lui dit-il, com- « me tous les yeux sont fixés fur « vous. Il n'y a que vous dans la « ville qui attiriez ainfi l'attention « de tout le monde. Comme on par- « loit de vous hier au portique (1)!

_____

(1) Le portique, en grec *ftoa*, eft de-

D iij

« plus de trente perſonnes y étoient
« raſſemblées : on s'aviſa de deman-
« der quel étoit le meilleur des ci-
« toyens ; votre nom fut d'abord
« prononcé , & réunit toutes les
« voix. »

Le flatteur ne tient que de ſem-
blables diſcours. Apperçoit-il ſur
l'habit de ſon homme un peu de
duvet ? il s'empreſſe à le ſecouer ;
ou , parmi ſes cheveux , quelques
brins de paille apportés par le vent ?
il les ôte avec ſoin. « Comme votre
« barbe eſt blanchie, lui dit-il en
« riant, depuis deux jours que je ne
« vous ai vu ! Cependant vous avez

---

venu célebre depuis que Zénon l'eut choiſi
pour y donner ſes leçons. C'eſt de là que
ſes diſciples ont reçu le nom de Stoïciens.

cc pour votre âge autant de che-
cc veux noirs qu'il foit poffible d'en
cc avoir (1). »

Dès que celui qu'il flatte ouvre
la bouche, il impofe filence à tout
le monde, le loue en face, applaudit du gefte. A merveille ! s'écrie-
t-il quand l'idole a cefsé de parler.
Le protecteur fait-il à quelque pauvre diable une froide plaifanterie ?
mon homme tombe fur le malheureux, & fe couvre la bouche du coin
de fon manteau, comme s'il ne pouvoit s'empêcher de rire aux éclats.

Il efcorte dans les rues celui dont
il veut capter la bienveillance, ar-

----

(1) Ce pafsage a tourmenté les interpretes. Cafaubon entend que le flatteur,
après avoir bien enlevé toute la paille que

réte les paſsants, & lui fait faire place. Il a toujours des bonbons ſur lui pour les enfants du patron, & sait bien le rendre témoin de ces petites générofités. Il careſse cette marmaille ; il s'écrie : « Digne poſ-« térité du plus reſpeétable pere ! »

L'accompagne-t-il chez le cordonnier ? il lui ſoutiendra qu'il a le pied bien mieux fait que tous les ſouliers qu'on lui préſente. Il ne manque pas non plus de l'eſcorter

<hr>

ſon proteéteur avoit dans la barbe & dans les cheveux, & qu'il a feint d'abord de prendre pour des cheveux blancs, lui fait compliment ſur ce qu'il a encore bien des cheveux noirs pour ſon âge. La Bruyere prétend que la plaiſanterie s'adreſse à un jeune homme qu'elle ne peut offenſer ; & Coſte, commentateur de la verſion de la Bruyere,

dans toutes fes vifites : ou plutôt il le précede, lui fert de coureur, va l'annoncer, revient, & lui perfuade qu'il eft attendu avec impatience.

Eft-ce afsez de tant de bafsefse? Non. Il saura même partager les fonctions des fervantes, ira pour elles au marché, & ne fe donnera pas le temps de refpirer.

C'eft lui qui, de tous les convives, eft le premier à faire l'éloge

---

à un homme de moyen âge à qui elle peut ne pas déplaire. Duport a écrit plus de fix grandes pages fur cette phrafe, fans l'éclaircir. Une plaifanterie devient bien froide quand elle a befoin d'être expliquée; & celle dont il s'agit ici, de quelque maniere qu'on l'entende, eft trop éloignée de nos mœurs pour nous paroître bonne.

du vin. Il fe place à côté du maître
de la maifon. «Que votre table, lui
« dit-il, eft délicate »! On ne sert au_
cun plat qu'il n'y goûte & ne s'écrie:
« Ah! le friand morceau! — N'au-
« riez-vous pas froid? demande-
« t-il au bon-homme. Ne voudriez-
« vous pas être mieux couvert? »
Et lui-même fe charge de lui pafser
fon manteau. Il lui parle en s'appro-
chant de fon oreille, chuchote, a
toujours les yeux fur lui, & ne regarde pas les autres, même quand
il leur parle.

Au théâtre, il arrache les couf-
fins des mains du garçon; il les
étend, les arrange lui-même. Il loue
l'architecture de la maifon de fon
homme, admire les plantations de
fes jardins, & trouve refsemblants

ſes portraits les plus flattés (1). En un mot, que fait, que dit le flatteur? ce qui doit plaire à ceux qui le voient & qui l'écoutent.

III. DU BAVARD. (2)

LE vice du bavard eſt de parler toujours & de ne penſer jamais.

___

(1) Il y a ſeulement dans le texte, *il trouve ſes portraits reſſemblants :* & peut-être ne faudroit-il rien ajouter ; car un homme qui fait faire ſon portrait eſt bien aiſe d'entendre dire qu'il reſſemble & qu'il a choiſi un bon artiſte. Peut-être auſſi l'homme dont parle Théophraſte avoit-il les portraits des hommes célebres de ſon temps, & le flatteur les trouvoit reſſemblants, comme un flatteur de nos jours admire tous les tableaux du cabinet d'un amateur.

(2) Nous verrons bientôt le caractere

Apperçoit-il un inconnu ? il s'af-
fied tout près de lui, parle de fa
femme, en fait un pompeux éloge,
raconte enfuite fon rêve de la nuit
derniere, pafse de là au récit de fon
fouper de la veille, & fe perd dans
une énumération bien détaillée de
tous les plats qui ont été fervis.

Il pourfuit, fait la fatire de fon
fiecle, afsure que les hommes va-
loient bien mieux autrefois, & que
les denrées étoient à bien meilleur
marché. Il raconte qu'il y a dans
la ville une grande affluence d'é-
trangers, que la navigation eft ouverte depuis les premieres fêtes de

du grand parleur. Le bavard eft toujours
un fot : le grand parleur peut avoir de
l'efprit.

Bacchus (1), & que l'année sera bonne fi Jupiter envoie beaucoup de pluie.

Né croyez pas qu'il s'arrête. Il faut que vous sachiez encore qu'il va faire préparer fon champ pour l'année prochaine, qu'au temps préfent on a bien de la peine à vivre, & que c'eft Damippe qui, aux derniers myfteres, a fait brûler la plus belle torche (2). Il compte combien

---

(1) On n'ofoit autrefois fe confier à la mer pendant l'hiver. La navigation s'ouvroit au printemps, vers la célébration des premieres fêtes de Bacchus.

(2) Les myfteres de Cérès fe célébroient la nuit, & c'étoit à qui brûleroit les plus belles torches en mémoire de la déefse, qui avoit cherché fa fille à la lueur des flambeaux.

F.

il y a de colonnes à l'Odée (1); puis vous saurez qu'il a eu la veille un vomissement, puis il vous demandera le quantieme du mois.

Le malheureux dont il s'est une fois emparé, n'espérez pas qu'il le lâche. Il lui apprendra ce que tout le monde sait : que les grands mysteres se célebrent au mois boëdromion (2), les apaturies au mois pyanepsion (3), & que les petites

____

(1) L'Odée étoit l'endroit où les muficiens venoient exercer & faire connoître leurs talents. Il avoit été élevé par Périclès, & étoit orné d'une colonnade.

(2) Le mois boëdromion répondoit à une partie de notre mois d'août & de notre mois de septembre.

(3) Le mois pyanepsion occupoit une partie de nos mois d'oct. & de nov. Les apaturies se célébroient en l'honneur de

fêtes de Bacchus fe célebrent à la campagne dans le mois pofidéon (4).

Craignez-vous la fievre ? courez à toutes jambes, fuyez de femblables importuns : il eft dur d'avoir affaire à des gens qui ne favent pas diftinguer vos moments de loifir de ceux où vous êtes le plus occupé.

IV. DE LA RUSTICITÉ.

L'OUBLI des convenances confti-tue la rufticité.

Bacchus, & c'étoit pendant ces fêtes que les Athéniens faifoient infcrire leurs enfants nés dans l'année fur le rôle des citoyens.

(4) Le mois pofidéon tomboit en no-vembre & décembre. Mais comme les mois des Athéniens étoient lunaires, & que tous enfemble ne faifoient qu'une année de 354 jours, on intercaloit, quand il étoit nécef-faire, un second mois pofidéon, qui tom-boit dans notre mois de décembre.

L'homme groſſier ſe préſente en compagnie après avoir pris une médecine dégoûtante. Il ſoutient que l'odeur forte du thym ne le cede pas aux parfums les plus exquis. Vous lui verrez toujours des ſouliers larges & mal faits, & vous ſerez étourdi de ſa voix tonnante.

Que ſes plus intimes amis ne ſe flattent pas d'obtenir ſa confiance : cette faveur eſt réſervée toute entiere à ſes valets ; c'eſt eux que, dans ſes affaires les plus importantes, il choiſit pour ſes plus chers confidents : c'eſt aux manœuvres de ſa campagne , qu'il s'empreſſe de raconter tout ce qu'il vient d'apprendre à l'aſſemblée du peuple.

Quand il s'aſſied, il leve ſi haut ſa robe, qu'il montre ce que la décence oblige à cacher. Dans les chemins rien ne l'étonne, rien n'eſt digne de ſon admiration : je dis rien de ce qui eſt beau; car s'il rencontre un bœuf, un âne, un bouc, c'eſt alors qu'il s'arrête, & il reſte en contemplation devant ces rares objets.

Eſt-il chez lui ? il ſe cache pour tirer un morceau de ſon garde-manger, le dévore à la hâte, boit tout d'un trait, & prend bien garde que ſa ſervante ne l'apperçoive : mais vous le voyez l'inſtant d'après moudre avec elle le blé pour ſes gens & pour lui-même.

Tout en dînant, il jette du foin à ſes vaches; &, ſi l'on frappe à la porte, c'eſt-lui qui ſe charge d'ouvrir. Il appelle ſon chien, & le prenant par la gueule : « Voilà, dit-il,

« un bon domeſtique ; c'eſt le gar-
« dien de mes champs & de ma
« maiſon. »

Vous lui faites un paiement, il ne trouvera pas les pieces aſsez neu-ves, les refuſera, vous en deman-dera d'autres. S'il vous a prêté une charrue, un panier, une faux, un ſac, & qu'il s'en reſsouvienne au milieu de la nuit, il n'attendra pas qu'il ſoit jour pour aller vous les redemander.

Vient-il à la ville ? il demande à tous ceux qu'il rencontre combien ſe vend le cuir, ce que coûtent les viandes ſalées, & ſi les jeux ne ra-menent pas aujourd'hui une nou-velle lune (1). Il ne manque pas

______

(1) Il veut demander ſi la nouvelle lune ne ramene pas les jeux.

aussi de leur confier qu'il va se faire
raser.

Il chante à haute voix dans le
bain ; il y met des clous à ses sou-
liers ; & comme, en s'en retour-
nant, c'est son chemin de passer
devant le chaircuitier Archias, il lui
achete de la viande salée, & l'emporte lui-même.

V. DE LA COMPLAISANCE VICIEUSE.

EN prenant en mauvaise part le
mot de COMPLAISANCE, on lui fait
signifier une habitude d'entrer dans
les sentiments des autres, & de se
prêter à tout ce qui peut leur plaire,
sans être retenu par l'honnêteté.

Le complaisant salue celui qu'il
rencontre, du plus loin qu'il peut

l'appercevoir, lui donne les titres les plus flatteurs, lui témoigne des sentiments d'admiration, lui serre les mains, & semble craindre de le lâcher. Il le conduit aussi long-temps qu'il le peut, lui demande quand il aura le bonheur de le revoir, & ne le quitte qu'en l'accablant de louanges.

Appellé comme arbitre dans une affaire, il ne se contentera pas de plaire à celui qui l'a choisi : il voudra satisfaire également les deux parties, & paroître leur ami commun.

Attentif à capter la bienveillance des étrangers, il leur dira qu'ils sont plus justes que ses concitoyens.

Invité à un repas, il prie le maître de la maison de faire venir ses enfants. Ils ne sont pas encore entrés

dans la falle, qu'il admire leur ref-
femblance avec leur pere. Il les fait
approcher, les embrafse, les place
à côté de lui, joue avec les uns (1), &
laifse dormir les autres fur fon fein,
quelque incommodé qu'il puifse
être de leur poids . . . . . (2)

---

(1) Il y a dans le grec, « Et fe faifant
« enfant avec eux, il leur dit : Voilà une
« jolie petite outre ! voilà une jolie petite
« hache » ! Il s'agit de jouets d'enfants,
qui avoient la forme d'outres & de haches.

(2) La fin de ce caractere eft perdue,
aufsi bien que le commencement du caractere fuivant : les copiftes ont confondu
enfemble ce qui reftoit de ces deux mor-
ceaux, & ont attribué le tout au complai-
fant, quoique les traits fuivants ne paroif-
fent pas fe rapporter à ce caractere : ils me
femblent convenir au faftueux, & je leur
en ai donné le titre.

VI. LE FASTUEUX.

...... Il se fait souvent tailler les cheveux, est curieux d'avoir les dents bien blanches, quitte ses habits encore tout frais, est toujours bien parfumé. On ne le voit sur la place publique qu'auprès des comptoirs des banquiers (1); il n'entre que dans les gymnases où s'exerce la jeunesse la plus distinguée, & prend place aux spectacles tout près des premiers magistrats.

Ce n'est pas pour lui qu'il achete; c'est pour ses amis de Byzance qui l'ont chargé de leurs commissions (2). Il doit envoyer aussi des

(1) C'étoit à cet endroit que se tenoient les citoyens les plus riches.

(2) Les importants aiment à faire croire

chiens de Lacédémone à Cyzique, & du miel d'Hymette à Rhodes : il a bien soin d'informer toute la ville de ses correspondances & de ses emplettes.

Il se plaît à élever des animaux rares, des singes, des tityres (1), & des colombes de Sicile. Vous verrez chez lui des dés faits d'os de chevres, & de beaux flacons faits à Thurium. Ne croyez pas qu'il manque de riches tapis de Perse à personnages, ni de ces cannes recourbées qu'on reçoit de Lacédémone.

Il a fait construire chez lui un jeu de paume & une salle d'exercice. Il est toujours prêt à les offrir à tout

qu'ils entretiennent de grandes correspondances avec les étrangers.

(1) Tityres, espece de singes à courte queue.

ce qu'il peut rencontrer de philofophes, de fophiftes, d'efcrimeurs,
de muficiens. Il les prie de ne pas
chercher d'autre endroit pour s'e-
xercer. Pendant qu'ils font briller
leurs talents, lui-même fe préfente
& goûte le plaifir d'entendre les fpectateurs fe dire les uns aux autres :
« Voilà le maître de la maifon (1). »

VII. DE L'EFFRONTERIE.

L'EFFRONTERIE confifte à bra-
ver la honte dans fes actions & dans
fes difcours.

---

(1) Cette derniere phrafe a tourmenté
les commentateurs, parceque le texte ne
formoit pas de fens. La Bruyere n'a fait
que paraphrafer la verfion conjecturale de
Cafaubon. Mais Needham, au moyen
d'une légere reftitution du texte, a trouvé

L'effronté est toujours prêt à se
lier par un serment ; il sait supporter l'injure, & ne s'apperçoit pas même de l'opprobre qui le couvre. Tantôt brocanteur, tantôt bouffon ob-
scene, il n'a honte d'aucun métier.

Sans être plongé dans l'ivresse,
il se permettra les gestes les plus im-
pudiques, & paroîtra dans un ballet
comique à visage découvert (1).
Donne-t-on au peuple le spectacle
de quelques curiosités ? c'est lui qui
se chargera de recevoir l'argent à
la porte. Il arrêtera insolemment

____

le sens que j'ai suivi, & qui m'a paru le
plus raisonnable.

(1) Comme on se permettoit dans ces
ballets des postures indécentes, un reste de
pudeur obligeoit à n'y paroître que mas-
qué.

F

tous ceux qui voudront entrer, & se battra avec ceux qui auront des billets pour voir le spectacle gratis.

Vous ne le verrez refuser aucun commerce honteux. Il se fera cabaretier, maître d'un lieu infâme, maltôtier. Aujourd'hui cuisinier, il sera demain crieur public, & bien-tôt après chef d'un tripot. Mais se prêtant à tous les moyens de gagner, il refusera de nourrir sa mere.

Il n'est pas rare de le voir arrêter pour vol. La prison est son logis le plus ordinaire. Pendant qu'on l'entraîne, il attire la populace autour de lui, appelle les passants d'une voix forte & enrouée, dispute avec eux, & les accable d'injures. Les uns s'arrêtent, les autres poursuivent leur chemin sans l'écouter : ceux-ci entendent le commencement de son discours, ceux-là une partie; d'autres se retirent sans avoir entendu plus d'une syllabe. On diroit qu'il se plaît à rendre une nombreuse affluence de peuple témoin de son infamie.

Il ne manque jamais de procès. On lui en fait, il en intente. Il se débarrasse des uns par serment, il ose soutenir les autres. Dans sa poche est un porte-feuille rempli de pieces, & ses mains sont chargées de paperasses.

C'est lui que les plus vils brocanteurs chargent de leurs affaires ; il leur prête de l'argent à usure, & leur prend, pour chaque drachme, trois demi-oboles d'intérêt par jour (1).

---

(1) Usure criante, puisque la drachme

Vous le trouverez par-tout où se rassemble la plus vile populace; dans les tavernes, au marché aux poissons, à celui de la chaircuiterie. C'est là qu'il trouve ses débiteurs, & il met dans sa bouche la basse monnoie qu'il recueille de son in-fâme commerce (1).

De semblables scélérats ont tou-jours la bouche ouverte pour vomir des injures, & font retentir de leurs voix tonnantes les boutiques & les marchés.

VIII. DU BABIL.

VOULEZ-VOUS définir le babil?

---

ne valoit que six oboles. L'usurier retiroit en quatre jours son capital.

(1) Les anciens qui faisoient de ces petits commerces où l'on ne reçoit que de la basse monnoie, la mettoient dans leur

il confiste dans l'intempérance de la langue.

Quel est le grand parleur ? C'est celui qui interrompt le premier venu, &, quel que soit le sujet du discours : « Ce n'est pas cela, lui « dit-il, je sais la chose parfaite- « ment. Vous n'avez qu'à m'écou- « ter, je vais vous l'apprendre. »

Vous voudriez lui répondre ; mais il vous coupe la parole. « Prenez « bien garde, vous dira-t-il, d'ou- « blier aucune circonstance… Fort « bien. Voilà ce qui m'étoit échap- « pé. Voyez comme il est utile de « parler !… Écoutez un point que

---

bouche, & ne la serroient qu'après en avoir amassé une certaine quantité. C'est ainsi que nos ouvrieres ont l'habitude de mettre leurs épingles dans leur bouche.

F iij

« j'avois omis.... Vous avez faifi
« tout d'un coup le fens de la cho-
« fe... Tenez, j'attendois fi vous
« vous accorderiez là-defsus avec
« moi ». Il ne manque jamais de
femblables formules pour tourmen-
ter les malheureux qu'il afsaffine;
&, quand le traître les a achevés,
il va fe jetter tout au milieu du premier cercle qu'il apperçoit.

Le hafard veut que ce foit des
gens occupés d'affaires importantes : n'importe ; le bourreau les met
en fuite. De là il court les écoles,
les lieux d'exercices, s'empare des
maîtres, & interrompt les études de
la jeunefse.

Prétextez - vous une affaire qui
vous oblige de vous retirer ? il eft
prêt à vous reconduire; il ne vous

abandonnera pas qu'il ne vous ait vu rentrer dans votre maifon.

Ce qu'il vient d'entendre à l'affemblée, il le répand dans toute la ville. Il fait de longs récits de la bataille donnée pendant qu'Ariftophon, ce célebre orateur, étoit archonte, & de celle que gagnerent les Lacédémoniens sous la conduite de Lyfander. Attendez-vous auffi à l'entendre raconter fes propres fuccès, & les applaudiffements qu'il reçut lorfqu'il fit un difcours public.

Il s'interrompt fouvent pour fe répandre en invectives contre le peuple. Cependant l'ennui s'empare de fes auditeurs : les uns oublient ce qu'il vient de dire, & les autres s'endorment, pendant que le refte l'abandonne & fe difperfe.

Eſt-il aſſis au rang des juges ? il empêche ſes collegues de juger. Eſt-il au théâtre ? il ne permet à perſonne de rien entendre. Se trouvet-il près de vous à table ? il ne vous laiſsera pas manger.

Il eſt le premier à dire que c'eſt pour un babillard un ſupplice de ſe taire. Les paroles découlent de ſa bouche comme un fleuve. Plutôt que de ſe contraindre, il vous permettra de le regarder comme plus babillard qu'une pie : car il entend raillerie ſur ſon défaut. Il n'y a pas juſqu'à ſes enfants qui, en ſe mettant au lit, ne le prient de leur faire quelque conte pour les endormir.

IX. DU FABRICATEUR DE NOUVELLES.

Le fabricateur de nouvelles forge

à son gré des actions & des discours,
& les rapporte comme des vérités.

Rencontre-t-il quelqu'un de ses
amis ? il compose son visage, &
prenant un air riant : « D'où venez-
« vous ? lui dit-il ; qu'allez-vous
« nous conter ? Avez-vous quelque
« chose à nous apprendre ? » Et
continuant toujours d'interroger :
« Quoi ! l'on ne dit rien ? Ah ! l'on
« ne répand les nouvelles que quand
« elles sont bonnes ». Puis, sans
laisser à son homme le temps de
répondre : « Vous n'avez donc rien
« du tout à nous dire ? On ne vous
« a rien appris ? Je vois bien que c'est
« à moi à vous régaler de quelque
« chose de nouveau. »

Là-dessus il cite ses auteurs. Ce
sera un soldat, ou le valet d'Astéius

le joueur de flûte, ou Lycon le mercénaire, qui ne fait que d'arriver de l'armée : car il sait toujours prendre à témoin des gens obscurs, que personne ne puisse aller déterrer. C'est d'eux qu'il vient d'apprendre que Polysperchon & le roi Aridée ont gagné la bataille, & que Cassandre est tombé vif entre les mains des ennemis (1).

“ Pouvez-vous croire cela ? lui “ direz-vous. Eh ! répond-il aussi“ tôt, on en parle dans toute la ville; “ le bruit en est répandu par-tout, “ on est d'accord là-dessus, on con“ vient de toutes les circonstances. “ Quelle bataille ! c'étoit une vraie

---

(1) Ces princes se disputoient la tutele des enfants d'Alexandre, & la vérité étoit

« boucherie. Savez-vous bien que
« je vois cet événement écrit fur le
« front des gens qui sont à la tête
« des affaires ? N’appercevez-vous
« pas comme ils ont le vifage alon-
« gé ? Je fais de fcience certaine
« qu’il y a dans quelque coin de la
« ville un homme qui a tout vu de
« fes yeux : mais les magiftrats le
« tiennent foigneufement renfer-
« mé depuis cinq jours, pour que la
« chofe ne s’ébruite pas. »

Il raconte tout cela d’une maniere qu’il croit bien perfuafive. Il
gémit, « Malheureux Cafsandre !
« dit-il, prince infortuné ! qui fut
« jamais plus vaillant que toi ? Mais

---

que Cafsandre avoit eu de l’avantage fur
Aridée & Polyfperchon.

« voilà les coups de la fortune…
« Ce que je vous apprends, ajoute-
« t-il, doit rester secret entre nous.
« Je ne fais qu’à vous de ces confi-
« dences-là ». La vérité est qu’il a
déja couru toute la ville, faisant
par-tout le même récit.

Pour moi, j’admire ces gens-là,
& ne puis concevoir quel est leur
but. C’est peu de se déshonorer par
des mensonges ; ils s’attirent encore
des aventures fort désagréables. Souvent, pendant qu’un nouvelliste rassemble les curieux autour de lui dans
le bain, on lui vole son manteau.
Quelquefois il s’amuse au portique
à gagner des batailles sur terre &
sur mer, & se fait condamner à une
grosse amende, parcequ’il oublie
d’aller répondre en justice. Il n’est

pas rare que, tout occupé à prendre vaillamment des villes, il perde son dîné.

La condition de ces hommes-là est, en vérité, digne de compaſſion. Ils paſsent des journées entieres au portique, dans les marchés, dans les boutiques ; & tout le fruit qu'ils retirent de leurs menſonges, c'eſt de fatiguer, d'accabler les malheureux qui les écoutent.

X. DE L'HOMME SORDIDE.

LE caractere de l'homme ſordide conſiſte à mépriſer l'honneur par l'appât d'un gain honteux.

Cet homme aura la baſseſse d'aller emprunter de l'argent à celui qu'il a déja trompé. Eſt-il obligé de faire les frais d'un ſacrifice ? il ſale

& serre les restes de la victime, & va lui-même souper en ville (1). Là, il appelle son valet, prend du pain & de la viande sur la table, lui en donne, & dit à haute voix : Tiens, mon ami, régale-toi.

C'est lui-même qui va à la boucherie. Il ne manque pas de rappeller au boucher les petits services qu'il peut lui avoir rendus, s'approche de la table, prend un morceau de viande, un os du moins s'il ne peut mieux faire, & le jette dans la balance après que son marché est pesé. S'il peut l'emporter, il croit avoir fait une fortune ; si on l'en empêche, il saisit lestement quelques

____

(1) On consumoit quelques parties de la victime, qu'on appelloit les parties sacrées. Celui qui offroit un sacrifice faisoit

parties d'inteſtins, & ſe retire en ri-
canant.

Des étrangers le prient de leur
louer des places pour voir les jeux :
mais il n'oublie pas de s'en ménager une pour lui-même par-deſsus
le marché, & d'y envoyer encore le
lendemain ſes enfants avec leur pré-
cepteur.

Avez-vous fait par haſard une
bonne emplette ? il ne vous laiſsera
pas de repos que vous ne l'ayez par-
tagée avec lui. S'il vient vous emprunter de l'orge ou de la paille, il
vous forcera encore à la faire porter juſqu'à ſa maiſon.

Il va au bain, s'approche de la

---

emporter le reſte, & en donnoit un repas
à ſes amis.

cuve d'airain, remplit un vafe, &,
malgré les cris du baigneur, il fe
jette lui-même de l'eau fur le corps.
« Me voilà lavé, lui dit-il en par-
« tant, & je ne vous dois rien. »

XI. DE LA LÉSINE.

UNE épargne exceffive dans les
plus petites dépenfes conftitue la
léfine.

Il eft des gens capables d'aller
eux-mêmes chez leurs débiteurs demander une demi-obole pour l'intérêt d'un mois. Ils comptent tous
les verres de vin que boivent leurs
convives, & c'eft toujours eux qui
font à Diane les plus petites offrandes (1).

---

(1) Dans les repas publics, on offroit fur

A quelque bon marché qu'on leur ait fait une emplette, ils trouvent toujours qu'on a payé trop cher. Si leur valet caſſe un plat ou une marmite, ils en retiennent la valeur ſur ſes gages.

La femme d'un avare comme ceux que je dépeins ici a-t-elle eu le malheur d'égarer une bagatelle? il fait déranger tous les meubles, renverſer tous les lits, changer de place tous les coffres, ſecouer toutes les couvertures. Vend-il quelque choſe? il y met un ſi haut prix, que l'acquéreur perd toujours ſur le marché.

Ne vous aviſez pas de cueillir une figue dans ſon jardin, ni de traverſer ſon champ, ni d'y ramaſſer

les autels de Diane les prémices des viandes.

quelques olives ou quelques dattes qui foient tombées.

Il va chaque jour vifiter les bornes de fon bien, pour voir fi on ne les a pas changées. Perfonne ne pourfuit plus vivement le débiteur qui n'eft pas ponctuel ; perfonne ne fe fait payer plus rigoureufement l'intérêt de l'intérêt.

Il n'invite à fa table que des gens du peuple, & ne leur sert que des viandes hachées. Il lui arrive même fouvent, dans ces occafions, d'aller au marché, & de revenir les mains vuides.

Il défend bien à fa femme de prêter à fes voifines du fel, de la meche pour les lampes, du cumin, de la marjolaine, de l'orge, ni des guirlandes ou des gâteaux pour les facrifices : car, dit-il, toutes ces petites chofes-là font une fomme au bout de l'année.

Vous voyez chez ces avares de vieux coffres-forts tout moifis, & des trouffeaux de clefs couverts de rouille. Ils portent les manteaux les plus courts, & trouvent toujours dans les plus petites fioles afsez d'huile pour fe frotter. Ils fe font rafer jufqu'au cuir pour payer moins fouvent le barbier, quittent leurs fouliers à midi pour les ufer moins vîte, & recommandent bien au foulon de ne pas épargner la craie dans le drap de leurs habits, afin qu'ils fe tachent moins aifément.

XII. DE L'IMPUDENCE.

L'IMPUDENCE n'eft pas difficile

à définir. Elle confiste à fe faire manifeftement un jeu de ce qui blefse la décence.

Vêtu ou plutôt déshabillé de la maniere la plus indécente, l'impudent affecte d'aborder une femme honnête. Quand tout le monde garde le filence au théâtre, c'eft alors qu'il applaudit ; mais il fiffle les acteurs les plus aimés du public. Le moment où l'on eft le plus attentif eft juftement celui qu'il choifit pour lever la tête, faire entendre de fales hoquets, & forcer tous les fpectateurs à regarder de fon côté.

Aux heures où le marché eft le plus fréquenté, il s'approche des endroits où l'on vend des noix, des baies de myrte, des avelines : il s'arrête à en manger, fait la converfation avec les payſans qui les vendent, appelle par leurs noms les paſſants qu'il connoît à peine, & arrête les gens qui paroiſſent les plus preſſés. Il apperçoit un homme qui vient de perdre un procès conſidérable, court à lui, l'aborde, & le félicite.

Il achete de la viande au marché, loue des joueuſes de flûte, montre à tous les paſſants ſes emplettes, & les invite, en les narguant, à venir en manger leur part. Il s'arrête devant la boutique d'un barbier ou d'un parfumeur, & raconte qu'il ne finira pas ſa journée ſans s'être bien enivré.

Il a du vin à vendre ; mais il ſe gardera bien de le livrer, même à ſon meilleur ami, ſans y avoir mêlé de l'eau. Pour qu'il envoie ſes enfants au fpectacle, il faut que les directeurs le donnent gratis.

Il peut arriver qu'un homme de ce caractere foit chargé d'une ambaffade. Mais il laiffera chez lui l'argent qu'il aura reçu du tréfor public, & en empruntera de fes collegues. Pendant la route, il chargera fon valet au-deffus de fes forces, & le nourrira au-deffous de fon appétit. S'il reçoit des préfents en commun avec fes collegues, il les preffera de lui donner fa part pour la vendre.

Il va au bain, reproche à fon valet de lui avoir acheté de vieille huile, & en demande à ceux qui fe baignent avec lui. S'il arrive à fes gens de trouver dans la rue quelque piece de monnoie, il ne rougit pas de leur en demander fa part, & d'alléguer le proverbe, que les faveurs de Mercure sont communes à tous.

C'eſt encore lui qui, pour diſtribuer les portions à ſes eſclaves, ſe ſert d'une meſure dont le fond ſe releve en-dedans; &, non content d'une fraude ſi baſse, il a soin encore de la bien racler en-deſsus.

· Il doit faire un paiement de trente mines; mais il s'arrange pour qu'il y manque au moins quatre drachmes. Eſt-il obligé de donner un repas à ſa tribu? il exige que tous ſes gens ſoient nourris à la table commune, & il remarquera bien s'il ne reſte pas quelques moitiés de raves; il seroit bien fâché que les domeſtiques qui deſſervent puſsent en profiter.

XIII. De l'Importunité.

Agir & se montrer toujours mal-à-propos, tel est le caractere de l'importun.

Il saisit, pour vous demander des conseils, le moment où vous êtes le plus occupé. Une femme qu'il aime a-t-elle la fievre ? c'est alors qu'il vient lui demander à souper. Il connoît un homme qui vient d'être condamné pour avoir servi de caution, & c'est lui qu'il va presser de répondre pour lui.

Vous l'avez engagé à vous servir de témoin : soyez sûr qu'il se présentera quand votre cause sera jugée. Il est prié d'une noce, & il s'y répand en invectives contre les femmes. Des gens viennent d'arriver, après avoir fait un long chemin ; c'eſt le moment qu'il choiſit pour les inviter à la promenade.

Il attendra que vous ayez vendu quelque choſe, pour amener un marchand qui vous en offre un meilleur prix. Il ſe leve pour apprendre à la compagnie, depuis l'origine, un fait qu'on vient déja de raconter, & que tout le monde ſait auſſi bien que lui.

Perſonne ne ſera plus prompt à vous rendre tous les ſervices que vous ne voudriez pas recevoir, & que vous n'oſez pas refuſer.

Si quelqu'un fait un ſacrifice & veut donner un repas, il viendra lui demander une partie des viandes qui ſont deſtinées au feſtin.

Il voit un maître qui fait fouetter

H

son esclave, & ne manque pas de lui raconter qu'il a fait punir de même le sien, qui ensuite s'est allé pendre. Il assiste à un arbitrage, &, avec la meilleure volonté du monde, il brouille plus que jamais les deux parties, qui ne demandoient qu'à s'accommoder. Veut-il danser? il prend pour compagnon un homme qui n'est pas même en pointe de vin (1).

XIV. DES GENS EMPRESSÉS.

QUEL est le défaut des gens empressés? C'est une affectation incommode de vouloir obliger, qui

---

(1) On ne dansoit qu'après le repas; & la gravité grecque eût été offensée de se livrer de sang-froid à cet amusement.

ſe montre dans tout ce qu'ils font & dans tout ce qu'ils diſent.

L'homme empreſsé ſe leve d'un air important, & promet ce qu'il n'eſt pas en état de tenir. Eſt-on généralement convenu de la juſtice d'une affaire? il en ſaiſit une circonſtance, perore là-deſsus, & finit par prouver que rien n'eſt plus juſte.

Il donne à manger, & fait ſervir beaucoup plus de vin que les convives n'en peuvent boire. Voit-il des gens lutter enſemble? il les anime, les encourage, quoiqu'il ne les ait jamais vus.

Perſonne ne s'offrira plus vivement à vous ſervir de guide : mais il ne sait ensuite quel chemin il faut prendre.

Eſt-il à l'armée? il va trouver le

général, & lui demande quand il a defsein de ranger fon armée en bataille, & quels ordres il compte donner le lendemain.

Il cherche fon pere avec empreffement. Devinez ce qu'il a d'important à lui communiquer : que fa mere eft déja couchée & vient de s'endormir.

Le médecin défend-il le vin à un malade ? cela fuffit pour que notre homme engage ce malade à en effayer, & il prendra la peine de le foulever lui-même pour le faire boire.

Une femme de fa connoiffance eft morte ; il fait graver fur fon monument fon origine, fon nom, celui de fon mari, ceux de fon pere & de fa mere, & fait ajouter en gros caracteres : « TOUS FURENT GENS « DE BIEN ». Est-il appellé au serment ? il s'écrie au milieu de l'assemblée : « Ce n'est pas la premiere « fois que cela m'arrive. »

XV. DE L'ABSENCE D'ESPRIT (1).

ON peut regarder l'absence d'esprit comme la suite d'une paresse & d'une lenteur de l'intelligence, qui se fait remarquer dans les actions & dans les paroles.

L'homme atteint de ce défaut fait un calcul, trouve le total, & demande à ceux qui le regardent à combien monte la somme. On lui

____

(1) On a intitulé ce caractere : De la stupidité ; mais les traits que rassemble ici Théophraste conviennent à l'homme distrait, & non pas au stupide.

H iij

intente un procès ; &, le jour qu'il
doit se défendre, il l'oublie & part
pour la campagne.

Il va au spectacle, s'endort, &
finit par rester tout seul. Incommodé du repas de la veille, il se leve
la nuit, sort dans la cour, & va se
faire mordre par le chien du voi-
sin (1).

Il reçoit quelque chose, le serre,
le cherche ensuite, & ne peut le
trouver. On vient lui annoncer la
mort de son meilleur ami, & l'inviter à l'enterrement : la douleur se
peint sur son visage, & tout en ver-

---

(1) J'ai tâché d'adoucir ce que l'origi-
nal offre de dégoûtant. Le voici dans le
latin de Casaubon : « Idem, quum se cibis
« ingurgitàrit, noctu surgens ut ad sellas

fant des larmes : « Voilà, dit-il, un
« heureux événement ! »

S'il reçoit une fomme qu'on lui
doit, c'eft alors qu'il prend des témoins (1). Dans le fort de l'hiver,
il gronde fon valet de ne lui avoir
pas acheté des fruits d'été.

Comme il ne penfe jamais à ce
qu'il fait, il force fes enfants à lutter, à courir, jufqu'à ce qu'ils foient
accablés de fatigue. Il eft à la campagne, fait cuire lui-même des len-
tilles, les fale deux fois, & ne peut
en manger. Quand il pleut, & que
tout le monde trouve le ciel noir

« eat, in vicini canem incidit, a quo mor-
« detur. »

(1) On appelloit des témoins quand on
prêtoit de l'argent fans prendre de billet ;

comme de l'encre, il admire la clarté des étoiles.

Combien croyez-vous, lui dit quelqu'un, qu'on ait emporté de morts par la porte sacrée ? Autant, répondra-t-il, que vous & moi nous voudrions bien en avoir.

XVI. DE L'ARROGANCE. (1)

UNE certaine dureté dans le discours & dans le commerce ordinaire de la vie conflitue l'arrogance.

Demandez-vous à l'arrogant l'adresse de quelqu'un ? il vous dit de le laisser en repos. Vous lui donnez

---

mais le diftrait prenoit des témoins quand il recevoit des paiements.

(1) La Bruyere a traduit, *De la Brutalité* ; en quoi il s'eft inutilement écarté de

le salut; ne vous attendez pas qu'il vous le rende. Il a quelque chose à vendre; mais il n'en dira pas le prix : c'est à vous à lui dire combien vous en voulez donner.

Quand, les jours de fête, il voit des personnes pieuses envoyer des offrandes aux dieux : « Du moins, « leur dit-il, vous ne recevrez pas « gratuitement les bienfaits du ciel. »

Il ne pardonnera jamais à ceux qui, sans defsein, le poufsent, le prefsent ou lui marchent fur le pied. Si un ami lui demande quelque service, il lui répond durement qu'il

---

la signification du mot grec *authadès*, par lequel on entend un homme qui se plaît à lui-même, & qui n'a par conséquent que du mépris pour les autres.

n'a rien à lui donner; mais il lui portera le lendemain quelque chose, en lui difant : « C'eft de l'argent que « je veux bien perdre. »

S'il fe heurte en chemin contre une pierre, il ne manque pas de l'accabler d'imprécations. Il ne prendra jamais la peine d'attendre quelqu'un; jamais on ne pourra le déterminer à faire un récit en compagnie, à chanter ou à danfer dans un repas : il craindroit même de fe compromettre, s'il adrefsoit des prieres aux dieux.

XVII. De la Superstition.

La fuperftition n'eft autre chofe qu'une peur déplacée de la divinité.

Le fuperftitieux, après s'être lavé les mains & avoir été purifié par l'eau luftrale à l'entrée du temple (1), met une feuille de laurier dans fa bouche; & ne croyez pas qu'il l'ôte de toute la journée. S'il voit une belette courir fur fa route, il s'arrête; il faudra, pour qu'il ofe avancer, que quelqu'un ait pafsé avant lui, ou qu'il ait jetté dévotement trois pierres au-delà du chemin.

A-t-il apperçu un ferpent dans un coin de fa maifon ? il n'aura pas de repos qu'il n'ait drefsé au même endroit un autel. S'il trouve dans un carrefour de ces pierres fans cefse graifsées par la fuperftition du bas

---

(1) On trempoit dans l'eau un tifon du feu qui avoit confumé la victime, & on croyoit imprimer à l'eau une vertu myftérieufe. L'eau luftrale étoit placée dans une cuve à la porte du temple.

peuple, il tire lui-même une fiole, les frotte d'huile, & ne continuera fa route qu'après s'être mis à genoux pour leur rendre hommage (1).

Un rat lui a rongé un fac de farine ; il va trouver un devin & lui demande ce qu'il doit faire. On lui répond qu'il n'a qu'à faire raccommoder le fac. Mais cet avis eft trop fimple pour qu'il le fuive : le fac eft souillé, il ne s'en fervira plus.

Jamais il ne croira pouvoir purifier afsez fa maifon. Il n'approche point des sépulcres, n'afliste pas aux

____

(1) Cet ufage de rendre des refpects à des pierres fingulièrement figurées étoit un refte de l'ancienne barbarie des Grecs, qui, avant la naifsance des arts, n'avoient que des pierres pour idoles. La coutume de révérer des cailloux & de les frotter de

enterrements, évite même d'aller chez les femmes en couche (1).

A-t-il fait un rêve ? il court chez les interpretes des fonges, les forciers, les augures, & leur demande à quel dieu, à quelle déefse il doit s'adrefser.

Il va trouver tous les mois les prêtres d'Orphée pour fe faire initier : fa femme le fuit ; ou, fi elle n'a pas le temps, il faut du moins que la nourrice porte fes enfants avec lui. Il fe fait verfer de l'eau fur la tête dans les carrefours, & emploie mê-

---

graifse, fe trouve encore à préfent chez les peuples fauvages du nord de l'Afie.

(1) J'ai connu un homme de mérite, guerrier & négociateur, qui avoit la foiblefse de ne pouvoir entrer chez les femmes en couche.

me pour cela le miniftere des prê-
trefses : il les prie d'attacher autour
de lui des plantes marines (1) ou
de petits chiens ; & croit bonnement
que toutes ces fottifes le rendent
plus pur. Apperçoit-il un infensé ou
un épileptique ? il frémit & crache
dans fon fein (2).

XVIII. DE L'HUMEUR CHAGRINE.

L'HUMEUR chagrine eft la suite
d'un penchant à exiger beaucoup
plus qu'on ne doit obtenir.

Un ami envoie à l'homme cha-

______

(1) Le grec dit de la fquille. Il y a de
ce nom un poifson & un oignon de mer.

(2) Pour détourner le préfage. Les nour-
rices, en Ruffie, crachent auffi fur leurs
nourriffons pour éloigner d'eux les mal-

grin quelque plat d'un repas qu'il a donné : « Je sais bien, lui fait-il dire, « pourquoi vous ne m'avez pas in- « vité : vous aviez peur que je ne fisse « tort à votre dîné, & que je ne « busse de votre vin. »

Tout en faisant la cour à sa maî- tresse : « Je serois bien étonné, lui « dit-il, si vous m'aimiez sincère- « ment ». Ce n'est pas asses que Jupiter envoie de la pluie : il le blâ- mera, s'il en envoie trop tard à son gré.

Trouve-t-il une bourse dans la rue ? « Il ne m'est jamais arrivé,

---

heurs dont elles les croient menacés. On peut croire que les Russes ont reçu plusieurs superstitions des Grecs, en même temps que la religion.

« dit-il en grondant, de trouver un
« tréfor ». Il achete un efclave à
bon marché, après avoir bien prié
le vendeur de le traiter en ami : « Je
« serois bien étonné, dit - il avec
« humeur, s'il m'avoit donné à ce
« prix quelque chofe de bon. »

On lui fait compliment fur ce
qu'il vient de lui naître un fils :
« Ajoutez auffi, répond-il en co-
« lere, que voilà ma fortune dimi-
« nuée de moitié. »

Il gagne un procès & a pour lui
toutes les voix : mais il n'en gronde-
ra pas moins fon avocat de n'avoir
pas allégué les meilleurs moyens de
fa caufe.

Ses amis lui donnent des fecours
dans un befoin prefsant : quelqu'un
s'avife de lui dire qu'il doit être con-

tent. « Et comment le serois-je ? re-
« prend-il d'un ton brufque : ne
« faudra-t-il pas que je rende cet
« argent à ceux qui me le prêtent,
« & que je leur aie encore obliga-
« tion ? »

XIX. DE LA DÉFIANCE.

LA défiance confifte à foupçon-
ner la droiture de tout le monde.

L'homme défiant envoie l'un de
fes gens au marché, & le fait bientôt fuivre par un autre, qui s'infor-
me du prix qu'a payé le premier.
Lui-même porte fon argent, & il
s'arrête à chaque ftade pour compter fi la fomme eft complete.

Eft-il couché ? il demande à fa
femme fi le coffre-fort eft bien fer-
mé, fi la cafsette eft bien fcellée, fi

le verrouil eſt bien mis à la premiere
porte. Elle a beau vouloir le raſſu-
rer ; il jette la couverture, ſe leve
tout nu, ne prend pas même de ſouliers, allume la lampe, court par-
tout, obſerve tout, & après tant de
précautions, c'eſt tout au plus s'il
peut s'endormir.

Va-t-il demander à ſes débiteurs
les intérêts qui sont échus ? il ſe fait
toujours accompagner de témoins,
afin qu'on ne puiſse lui nier la dette.
Il ne confiera pas ſon manteau au
plus habile dégraiſseur, mais à celui
qui lui donnera les répondants les
plus ſûrs.

Allez-vous lui emprunter de la
vaiſselle ? ſoyez bien aſsuré qu'il
ne vous en prêtera pas. Quand il
ſe fait accompagner par un eſclave,

il ne le laifse pas marcher derriere
lui ; mais il le fait aller devant, &
veut toujours l'avoir sous les yeux ,
de peur qu'il ne prenne la fuite.

Quelqu'un veut prendre chez lui
de la marchandife , & le prie d'en
porter l'article fur fes livres : « Re-
« mettez cela, dit-il ; je n'ai pas le
« temps d'envoyer courir après mon
« argent. »

XX. DE LA MALPROPRETÉ. (1)

LA malpropreté confifte dans une
extrême négligence de fa perfonne,
capable d'exciter le dégoût.

Rien de plus odieux que l'homme

---

(1) Ce morceau , que la Bruyere a intitulé *le vilain homme*, eft fi dégoûtant,
que j'avois d'abord réfolu de ne le pas tra-

dégoûtant. Vous le voyez paroître dans les promenades, les ongles longs & le corps couvert de lepre & de dartres. Il vous dira froidement que ce sont des infirmités de famille, & que son pere & son grand-pere y ont été sujets. Il a des ulceres aux jambes & des verrues aux doigts ; mais il n'y apporte aucun remede, & laisse faire au mal les plus grands ravages. Ses aisselles & ses flancs, hérissés d'un poil épais, lui donnent l'air d'une bête féroce. Ses dents sont noires & rongées de carie : il est affreux à voir, & pire encore à approcher.

---

duire : mais d'autres réflexions m'ont dé-terminé à ne le pas supprimer. J'ai pensé qu'il caractérisoit bien la liberté de la dé-

Ce n'eſt pas tout. En mangeant,
il ſe mouche avec les doigts : il parle
la bouche pleine, rejette une partie
de ce qu'il vient d'avaler, & vous
fait entendre en buvant les bruyan-
tes & ſales exploſions de ſon eſto-
mac. Il ſe ſert au bain d'une huile
infecte, & traîne ſur la place un
manteau tout couvert de taches.

Accompagne-t-il ſa mere qui va
prendre les auſpices ? il troublera le
devin par des paroles de mauvais
augure. Pendant qu'on fait des prieres & qu'on offre des libations, il
laiſſera tomber ſottement la coupe,
& ſourira d'un air ſtupide, comme

---

mocratie athénienne, où l'homme rebu-
tant que peint Théophraſte pouvoit ſe montrer par-tout.

s'il avoit fait quelque chofe d'un heureux préfage.

Il applaudit au concert, pendant qu'on écoute, & imite de fa voix le fon des inftruments. Bientôt il s'impatiente, & reproche à la joueufe de flûte de donner un morceau trop long.

Il eft à table, veut cracher, & crache juftement fur le valet qui donne à boire.

XXI. DE L'HOMME DÉSAGRÉABLE.

LE défaut dont nous parlons ici eft incommode dans la fociété, fans y caufer aucun dommage.

L'homme défagréable va réveiller fon ami qui ne fait que de s'endormir, pour l'entretenir de chofes indifférentes. Il arrête un homme qui va s'embarquer, & le prie d'attendre qu'ils aient fait ensemble un tour de promenade.

Il prend un enfant des bras de sa nourrice, lui fait avaler quelque chofe qu'il a mâché, & le carefse en balbutiant comme lui. Il raconte dans le plus grand détail l'effet dégoûtant d'une médecine qu'il a prife. Il eft capable de demander à fa mere, en pleine compagnie, quel jour elle l'a mis au monde.

Il vous apprendra qu'il a de l'eau fraîche dans fa citerne, qu'il a beaucoup de légumes dans fon jardin, qu'ils sont bien tendres, & que fa maifon eft ouverte à tout le monde comme une hôtellerie.

Reçoit-il des étrangers ? il fait

venir devant eux ſon paraſite, & veut qu'ils admirent les talents de ce plat bouffon. « Allons, lui dit-il « au milieu du repas, amuſez un « peu la compagnie. »

XXII. DE LA VANITÉ.

LA vanité conſiſte dans le soin puéril & bas de rechercher une vaine gloire.

L'homme vain eſt-il appellé à un repas ? il fera ſon poſſible pour ſaiſir une place tout auprès du maître de la maiſon. Son fils vient de parvenir à l'adoleſcence ; il le conduira juſqu'à Delphes pour y conſacrer ſa chevelure (1). Il ne ſortiroit pas ſans avoir un negre à ſa suite. S'il

____

(1) Les Grecs laiſſoient croître les cheveux de leurs enfants. Quand un jeune

vous doit une mine, il ne vous la rendra qu'en monnoie neuve.

Il offre un bœuf en sacrifice, & ne manque pas d'en faire clouer la tête à sa porte, & de l'entourer de guirlandes : car il faut bien que per-sonne n'ignore qu'il a sacrifié un bœuf.

Il fait une pompeuse cavalcade, renvoie par un valet tout son équi-page à sa maison, & reste à se pro-mener sur la place, traînant la riche robe qu'il avoit vêtue pour cette cé-rémonie.

---

homme étoit parvenu à l'âge de puberté, son pere assembloit sa tribu, coupoit en cérémonie les cheveux de l'adolescent, & les consacroit à quelque divinité. Mais l'homme vain faisoit le voyage de Delphes pour les consacrer à Apollon.

K

Lui eſt-il mort un petit chien ? Il lui éleve un monument, & fait graver ſur une colonne : « Il étoit « de race de Malte ». Il conſacre un anneau d'airain à Eſculape, & l'uſe en quelque ſorte, à force d'y ſuſpendre des couronnes de fleurs. Vous ne le détermineriez jamais à paſſer un jour ſans ſe parfumer.

Il remplit avec zele les fonctions ſacrées des prytanes (1) : mais c'eſt pour avoir le plaiſir d'en rendre compte au peuple avec emphaſe. Vêtu d'une robe blanche, & la tête

______

(1) Une des fonctions des prytanes étoit d'offrir en commun des ſacrifices, & de rapporter au peuple s'ils avoient été agréables aux dieux. Ils étoient auſſi chargés d'aſſembler le peuple pour le faire contribuer aux beſoins de la république.

couronnée de fleurs, il paroît dans l'aſemblée : « O Athéniens, dit-il, « nous avons offert, pendant notre « magiſtrature, des ſacrifices à la « mere des dieux, & nos offrandes « ont été agréables à la déeſse : vous « pouvez compter ſur ſes bien- « faits ». Après avoir ainſi parlé, il retourne chez lui, & raconte à ſa femme que ſes ſuccès ont ſurpaſsé ſes eſpérances.

XXIII. DE L'AVARICE.

L'AVARICE eſt un excès de baſ-seſse, une attention mépriſable à fuir la plus foible dépenſe.

L'avare remporte-t-il le prix de la tragédie ? il conſacre à Bacchus des guirlandes faites d'écorce, & ne rougit pas de faire graver ſon nom

fur de ſi viles offrandes. Propoſe-
t-on, dans l’aſſemblée du peuple,
de contribuer d’une petite ſomme
au ſoulagement d’un malheureux?
il ſe leve, garde le ſilence, &, s’il
peut s’eſquiver dans la foule, il ſe
retire.

Il marie ſa fille & eſt obligé d’offrir un ſacrifice : mais il ne laiſſe
que les parties conſacrées de la victime, & va vendre le reſte (1). Il
n’a pour ſervir aux noces que des valets de louage, encore faut-il qu’ils
ſe nourriſſent à leurs dépens.

A-t-il le commandement d’une
galere? ne croyez pas qu’il uſe ſon

---

(1) Nous avons déja vu que, des chairs
de la victime, on faiſoit un repas aux prêtres
ou à ſes amis : les pauvres & les avares les
vendoient.

lit ; il emprunte les couvertures de son pilote, les étend sur un banc, & ménage les siennes. Il va au marché, porte lui-même la viande, & a sa robe chargée de légumes.

Devinez pourquoi il garde la chambre : c'est qu'il a donné son habit à nettoyer. Du plus loin qu'il apperçoit un de ses amis qui a besoin de secours, il retourne sur ses pas & va se renfermer dans sa maison.

Sa femme n'obtiendra jamais qu'il lui achete des servantes ; heureuse qu'il veuille bien lui en louer quand elle doit paroître en public. Il se leve de grand matin pour balayer lui-même toute la maison & pour faire les lits, & ne s'assied pas sans avoir grand soin de retourner les méchants habits qu'il porte.

XXIV. De l'Ostentation.

L'ostentation consiste à faire parade des avantages qu'on ne possede pas.

L'homme atteint de cette manie aime à se tenir sur le Pirée : il aborde les étrangers, leur apprend qu'il a de gros capitaux dans le commerce maritime, & leur fait un détail des grands intérêts qu'on en retire, & de ce qu'il y a gagné lui-même.

Trouve-t-il en route un compagnon de voyage ? il lui raconte qu'il a fait la guerre sous Alexandre, & qu'il a rapporté de ses campagnes un grand nombre de vases précieux. Là-dessus il lui soutiendra qu'on ne peut refuser aux artistes de l'Asie

la préférence sur ceux de l'Euro-
pe (1). Il ne manquera pas de dire
qu'il a reçu des lettres d'Antipater,
& que ce monarque lui apprend qu'il
vient d'entrer, lui troisieme, en Macédoine.

A l'en croire, il a obtenu l'exemp-
tion de tous les droits sur l'exporta-
tion des bois de construction : mais
il ne veut pas en profiter, & re-
garderoit comme au-dessous de lui
de ne pas partager les charges publiques. « Eh! seroit-il convenable,
« ajoute-t-il, que je me permisse

---

(1) La vérité étoit que les artistes grecs
l'emportoient sur ceux de l'Asie : mais les
gens fastueux recherchoient les ouvrages
asiatiques parcequ'ils venoient de plus loin,
& par cette même vanité qui nous fait
acheter fort cher des magots de la Chine.

« des gains semblables, moi qui,
« dans un temps de disette, ai don-
« né plus de cent talents (1) pour
« soutenir de pauvres citoyens ? »

S'il est avec des inconnus, il les prie de faire eux-mêmes le calcul des gens qu'il a secourus, & il n'en fait pas monter le nombre à moins de six cents. Il fait plus : pour donner de la vraisemblance à ses discours, il suppose des noms à tous ceux qu'il prétend avoir obligés, & il se trouve qu'il ne peut avoir dépensé moins de dix talents. Encore ne fait-il pas entrer en compte toutes les galeres qu'il a armées à ses frais, ni tous les autres services onéreux qu'il a rendus à la république.

─────────────

(1) On peut estimer le talent attique à-peu-près à mille écus.

Il aborde des étrangers qui ont à vendre des chevaux de prix, & feint d'en vouloir acheter. Il entre dans les tentes des marchands forains, veut faire emplette d'un manteau qui ne vaut pas moins de deux talents, & gronde son valet, qui ose le suivre sans avoir songé à prendre de l'or.

Il tient à loyer la maison qu'il occupe : mais il fait accroire à ceux qui ne le connoissent pas que c'est un bien de patrimoine : « Je veux « m'en défaire, ajoute-t-il, car la « maison est trop peu vaste pour le « grand nombre d'étrangers que je « reçois. »

XXV. DE L'ORGUEIL.

LE caractere de l'orgueil est de n'estimer que soi-même, & de mé-priser tout le reste.

L'orgueilleux, appellé pour une affaire pressée, répond qu'il fera l'après-dîné un tour de promenade, & qu'il pourra bien passer chez celui qui le demande. A-t-il rendu un petit service à quelqu'un? il lui en rappellera le souvenir jusques dans la rue, & ne lui permettra jamais de l'oublier.

Il ne sauroit prendre sur lui de faire une visite le premier. Il exigera que les marchands & les ouvriers viennent lui parler dès le point du jour. Il n'adresse la parole à personne dans les rues, ne voit pas même ceux qu'il rencontre, & ne regarde que son chemin.

S'il donne à manger à quelques amis, il ne daigne pas se mettre à table avec eux; mais il charge quelqu'un de ses protégés de faire les honneurs de sa maison. Se détermine-t-il à rendre une visite ? il envoie auparavant un valet prévenir de l'honneur qu'il veut bien faire.

Il n'est pas permis d'entrer chez lui lorsqu'il est à table ou à sa toilette. A-t-il un compte à régler avec quelqu'un ? un homme comme lui n'entre pas dans ces détails ; c'est un de ses esclaves qu'il charge de faire ces calculs , & de montrer l'arrêté à la personne intéressée.

Il n'écrit jamais : « Je vous aurai « beaucoup d'obligation si vous me « faites ce plaisir. » Mais « J'entends « que la chose se fasse ainsi… Je « vous envoie un homme qui pren- « dra chez vous… Sur-tout n'allez « pas faire autrement que je vous le

« preſcris.. Ne différez pas un inſtant
« à faire ce que je vous demande. »

XXVI. De la Timidité.

La timidité eſt l'abattement d'une ame trop ſenſible à la crainte.

L'homme timide prend ſur mer tous les promontoires pour des vaiſſeaux ennemis. A la moindre agitation des flots, il demande s'il n'y a pas a bord quelque impie. Si le pilote fait virer de bord, il s'effraie, & veut qu'on lui diſe ſi le navire tient bien ſa route, & ſi l'on a les dieux propices. Il n'a que des rêves affreux, les raconte à ſes compagnons de traversée, & leur confie qu'il en eſt encore tout effrayé. Il ôte ſa chemiſe, & la donne à ſon valet, pour ſe ſauver à la nage. On eſt loin de la côte; mais il n'en prie pas moins l'équipage de le mettre à terre.

Est-il à la guerre? il appelle ses compagnons, les rassemble autour de lui, cherche à lire dans leurs yeux ce qui se passe, & répete souvent qu'il est difficile de savoir si l'on n'est pas bien près de l'ennemi. L'affaire s'engage; il entend les cris des combattants, il voit tomber les morts: tremblant, il tâche de persuader à ceux qui se trouvert auprès de lui que la précipitation lui a fait oublier une partie de ses armes. Il court à sa tente, envoie un esclave observer où en sont les ennemis, & emploie le plus de temps qu'il peut à chercher son épée qu'il vient de cacher lui-même sous le chevet de son lit.

L.

Par bonheur il apperçoit un homme blefsé que fes amis rapportent dans le camp. Bon prétexte pour s'arrêter ! il l'encourage, le confole, fe mêle de le panfer, efsuie fes plaies avec une éponge, écarte de lui les mouches. Il n'eft pas d'occupation qui ne lui foit agréable, pourvu qu'elle l'empêche de combattre. Entend - il fonner la charge pendant que lui-même eft fous la tente ? Le maudit fonneur, dit-il, qui fait fans cefse entendre fa trompette, & ne permet pas à ce malheureux de prendre un moment de repos !

L'action terminée, tout couvert d'un fang qui n'eft ni le fien ni celui d'un ennemi, il fe montre fièrement à ceux qui reviennent du combat, & leur raconte tous les dangers qu'il a courus pour fauver la vie à fes amis. Il mene auprès du blefsé tous les gens qu'il peut raffembler, leur demande s'ils ne sont pas de la même tribu que cet infortuné, & s'ils ne favent pas quelle eft fa patrie ; il leur raconte effrontément que c'eft lui-même qui l'a tiré du champ de bataille & porté dans fes bras.

XXVII. DES GRANDS D'UNE RÉPUBLIQUE.

UNE forte envie de dominer, qui fouvent peut s'accorder avec le mépris des richefses, forme le caractere des grands d'une république.

Le peuple s'afsemble & délibere. Il s'agit de donner au premier magiftrat un aide capable de le seconder dans une pompe solemnelle : l'un de ces ambitieux se présente, & lui-même se juge digne de cet honneur. Il sait parfaitement ce vers d'Homere :

Le peuple est malheureux qui connoît plus d'un maître.

Mais c'est là que se borne toute son érudition.

« Il faut absolument nous assem-
« bler, dit-il souvent à ses pareils,
« & décider entre nous les affaires
« d'un commun accord. Ecartons
« sur-tout de nos délibérations une
« vile populace, & toute cette ca-
« naille des marchés, & fermons-
« lui tout accès aux magistratures. »

A-t-il éprouvé quelque désagré-
ment ? « Ces audacieux & moi ne
« pouvons, dit-il, rester dans une
« même ville. »

Il sort vers le milieu du jour, rasé de près, les ongles bien nettoyés ; &, se promenant sur la place, vous lui entendez dire d'un ton important : « Il n'est pas possible de vivre
« à la ville ; je ne puis plus y tenir : les
« fonctions de la judicature m'ob-
« sedent, les affaires de mes clients
« me tuent . . . Il est honteux de se
« trouver à l'assemblée du peuple ;
« on y est coudoyé, heurté par une
« foule de gens sales & déguenillés...
« Il n'y a pas une race plus odieuse
« que celle des orateurs publics . . .
« Il faut avouer que c'est Thésée qui
« est le premier auteur de tous les
« maux de l'état (1). »

____

(1) Parcequ'il établit le premier l'éga-lité entre les citoyens.

L iij

Il ne tient que de femblables propos aux étrangers qu'il reçoit, & à
ceux de fes concitoyens qui lui ref-
femblent.

XXVIII. DE L'INSTRUCTION TARDIVE.

LE ridicule que nous peignons ici
eft une manie déplacée de s'inftruire
dans un âge ou l'on n'eft plus capable de recevoir d'inftruction.

Figurez-vous un homme qui s'a-
vife à foixante ans d'étudier les principes de l'éloquence. Il veut décla-
mer à la promenade des paffages de
quelque orateur ; mais la mémoire
lui manque, & mon homme refte
court.

Il apprend de fon fils à manier le
bouclier & la lance : il fe pique auffi

de devenir un bon écuyer. Va-t-il à la campagne ? il monte un cheval de louage, veut le faire caracoler, tombe & se casse la tête.

Il s'exerce comme un jeune homme à lancer des javelots contre une figure de bois. Il tire de l'arc, il manie la pique avec son valet. Tantôt il reçoit de lui des leçons, tantôt il prétend lui en donner lui-même. Il veut imiter au bain les mouvements des lutteurs, & ne fait que des postures ridicules.

XXIX. DE LA MÉDISANCE.

La médisance se manifeste par les paroles ; mais elle résulte d'un penchant de l'ame à ne voir que le mal, & à l'aggraver encore.

Demandez-vous au médisant :

Quel eſt cet homme? il commence par vous en faire la généalogie, & ne manquera pas de remonter juſqu'à ſon origine. « Quand ſon pere « étoit eſclave, vous dira-t-il, il ſe « nommoit tout bonnement Soſie; « mais en devenant ſoldat il alon-« gea ſon nom, & ſe fit appeller So-« ſiſtrate. Il parvint enſuite à ſe faire « inſcrire dans une tribu. Pour ſa « mere, née dans la Thrace, elle « ne pouvoit manquer d'être d'une « grande nobleſse; car on sait que « toutes les eſclaves qu'on amene « de ce pays-là prétendent être no-« bles dans leur patrie. Il ne dément « pas ſa belle origine; car il faut « avouer que c'eſt un grand co-« quin ». Puis changeant d'objet : « Voyez, dit-il, cette femme; elle

« eſt du nombre de celles qui ſavent
« ſi bien attirer les paſsants. »

Entend-il mal parler de quel-
qu'un ? il eſt habile à ſe ſaiſir de la
converſation. « Il n'y a perſonne,
« s'écrie-t-il, que je haïſſe comme
« cet homme-là. On ne peut voir
« une phyſionomie plus ignoble, &
« il n'a pas ſon égal en méchanceté.
« Je ne vous peindrai que quelques
« traits du perſonnage. Croiriez-
« vous qu'il ne donne à ſa femme
« que trois oboles par jour pour la
« dépenſe de la maiſon, & que,
« pour épargner le bois, il la force
« à ſe baigner à l'eau froide dans le
« cœur de l'hiver (1) ? »

____

(1) Il y a dans le texte, au mois poſi-
déon.

Le médisant voit-il sortir quelqu'un de la compagnie où il se trouve ? il en fait aussitôt sa victime. Il
est inépuisable sur le mal qu'il dit
de ses meilleurs amis, de ses parents
les plus proches, & ne respecte pas
même la cendre des morts.

PENSÉES MORALES

DE

THÉOPHRASTE,

Conservées par Diogene Laerce
& par Stobée.

I.

Il est plus sûr de se fier à un cheval sans frein, qu'à des discours imprudents & désordonnés.

II.

A peine commençons-nous à vivre; c'est alors que nous mourons.

III.

Souvent on rejette avec dédain les plus grandes douceurs de la vie, pour courir après une vaine fumée de gloire.

IV.

Ou abandonnez entièrement l'étude de la sagesse, car elle exige de grands travaux ; ou livrez-vous à cette étude sans réserve, car une grande gloire vous attend.

V.

Tu gardes le silence dans un repas. Tu as raison, si tu n'es qu'un sot : si tu as de l'esprit, tu as tort.

VI.

Il n'est pas de dépense plus chere que celle du temps.

VII.

La vanité l'emporte beaucoup dans la vie sur l'utilité.

VIII.

Rendre souvent hommage à

la Divinité, c'est la marque d'une piété sincere : lui offrir de nombreuses victimes, c'est montrer seulement de la richesse.

I X.

C'est un devoir sacré de nourrir dans leur vieillesse ceux dont on a reçu le jour, de respecter leurs desirs, & d'y conformer sa conduite. Négliger ce devoir, c'est transgresser à-la-fois les loix de la nature & celles de la société, qui sont les deux fondements de la justice.

X.

On doit aussi de tendres soins, & tous les secours qu'inspire l'humanité, à son épouse, à ses enfants. Ceux-ci nous récompenseront par les services qu'ils rendront à notre vieillesse ; & nos femmes, par les secours qu'elles nous prodiguent dans nos infirmités, par leur inclination à partager & nos joies & nos peines, reconnoifsent afsez notre amour.

XI.

Êtes-vous obligé de contracter avec quelqu'un ? que ce soit du moins avec un homme ferme & constant.

XII.

Le sage ne prête qu'avec prudence, & retire avec douceur ce qu'il a prêté. Vous avez montré de l'humanité en obligeant votre ami : ne vous rendez pas odieux au moment de retirer ce qu'il vous doit.

XIII.

Le mensonge inventé par l'envie & par la calomnie a d'abord quelque force; mais il ne tarde pas à la perdre.

XIV.

SACHEZ vous respecter vous-même, & personne ne vous fera rougir.

XV.

IL faut peu de loix pour les hommes vertueux. Ce n'est pas la loi qui regle leur conduite; mais leur conduite sert de modele à la loi.

XVI.

LES envieux sont les plus malheureux des hommes : on ne sent ordinairement que les maux qu'on éprouve soi-même ; mais l'envieux s'afflige également de ses propres malheurs, & du bien qui arrive aux autres.

XVII.

LA société se maintient par la

bienfaisance, par les honneurs prodigués à la vertu, & par la peine qui
pourſuit le crime.

XVIII.

Qu'est-ce que l'amour ? La paſ-
ſion d'une ame oiſive.

XIX.

Souvent rien n'eſt plus ſtérile
que l'amour de la renommée.

XX.

Ce n'eſt pas dans les affaires
d'état, c'eſt dans ſa famille qu'une
femme doit montrer ſon eſprit & ſa
prudence.

FIN.

PENSÉES MORALES

DE MÉNANDRE.

VIE

DE MÉNANDRE.

C'ÉTOIT une redoutable censure que celle de l'ancienne comédie grecque. Le citoyen qu'elle dévouoit à la risée publique étoit exposé en plein théâtre, sous son nom, sous ses habits, sous un masque ressemblant à ses traits. Cette liberté pouvoit être utile dans un petit état où les mœurs publiques étoient encore honnêtes : elle prévenoit, par la crainte de la honte, les fautes que les loix auroient punies, & celles qu'elles n'auroient pu venger : elle indiquoit à la patrie les sujets qu’elle devoit redouter ; baffoués par leurs concitoyens réunis, ils ne pouvoient plus être dangereux.

Mais quand les mœurs se furent généralement corrompues, quand les généraux, les magistrats, les orateurs, les prêtres, les sophistes, furent devenus des sujets de comédie, cette même liberté fut regardée comme une licence dangereuse qui répandoit l’inquiétude & la défiance dans tous les esprits. La plaie, trop envenimée, ne pouvoit plus être montrée sans faire horreur. On vit naître alors la comédie nouvelle, qui garda le silence sur les vices,

respecta les personnes, & se conten-
ta de peindre les ridicules. Aristo-
phane avoit été le prince de l'ancienne comédie ; Ménandre le fut
de la nouvelle.

Il florissoit vers la cent quinzie-
me olympiade, environ 318 ans a-
vant notre ere. Né à Athenes, éleve
de Théophraste pour la philosophie,
il le fut du poète comique Alexis
pour l'art du théâtre. Il composa
plus de cent comédies dont il ne
reste que des fragments, & rempor-
ta plusieurs fois le prix des jeux scé-
niques. Le grand nombre d'ouvrages que produisoient les anciens
poètes dramatiques semble prouver

que l'art étoit moins difficile alors qu'il ne l'est aujourd'hui, & sur-tout que le méchanisme de la ver-sification grecque étoit plus aisé que le nôtre.

Ménandre n'eut point de rivaux pour l'élégance & la pureté du style. Ses ennemis lui reprocherent de nombreux plagiats ; mais il n'est pas vrai qu'il ait volé ses prédécesseurs s'il a su les embellir.

Ce n'est pas une foible gloire, dit Horace, de plaire aux chefs des nations : Ménandre eut cet hon-neur ; il mérita l'estime & l'amitié du roi de Macédoine, & de Ptolé-mée, fils de Lagus, roi d'Égypte.

L'antiquité a conservé long-temps les lettres qu'il avoit écrites à ce dernier prince. Il avoit laissé quelques autres ouvrages en prose que le temps n'a pas plus respectés que ses vers.

Il n'étoit âgé que de cinquante-deux ans quand il se noya en se baignant dans le Pirée. On lui éleva près du rivage un tombeau qu'on montroit encore aux voyageurs dans le temps de Pausanias (1).

____

(1) Dans le second siecle de notre ere, environ cinq siecles après la mort de Ménandre.

PENSÉES MORALES

DE

MÉNANDRE.

I.

La paix nourrit le cultivateur, même sur des roches infertiles : la guerre le détruit, même au milieu des plus riches campagnes.

II.

Devons-nous faire une navigation de quatre jours? nous ne négligeons pas de pourvoir à tout ce qui nous sera nécefsaire : mais nous ne penfons pas de même à nous ménager quelques refsources pour la vieillefse; c'eft un voyage que nous avons le temps de prévoir, & pour lequel nous ne faisons aucun apprêt.

III.

Ta main ne peut retenir la pierre qu'elle vient de lancer, ni ta bouche le mot qu'elle a proféré.

IV.

Une fille en âge de plaire n'a pas besoin de parler : son silence même est éloquent, & la persuasion s'assied sur ses levres closes.

V.

Tant que nous jouissons d'une vie paisible, tant que nous ne sommes agités d'aucune crainte, nous n'attribuons pas à la fortune notre prospérité : mais dès que nous sommes tombés dans le malheur, c'est elle que nous accusons de tous nos maux.

VI.

Ton corps souffre : mande le médecin. Ton ame est dans la langueur : fais appeller ton ami ; la douce voix de l'amitié est le plus sûr remede contre l'affliction.

VII.

La plus grande consolation dans l'infortune est de trouver des cœurs compatissants.

VIII.

La pauvreté devroit être le plus foible des maux, puisqu'elle peut être à l'instant soulagée par un ami.

IX.

C'est par le feu qu'on examine l'or; c'est par le temps que l'on connoît les amis. Celui qui flatte son ami dans la fortune, aime la fortune, & non pas son ami.

X.

Tu envies le sort de ces mortels qui paroifsent si florifsants : apprends à lire dans leurs cœurs, tu les verras fouffrir comme nous.

XI.

JE croyois que les riches n'avoient jamais recours à l'emprunt ; que jamais la plainte ne fortoit de leur bouche ; que doucement plongés dans le fein d'un paifible fommeil, fans foucis, fans inquiétudes, on ne les entendoit jamais gémir fur leurs lits de duvet : pauvre moi-même, je penfois que les foins, les larmes, les tourments, étoient réfervés aux pauvres. Mais je vois à préfent que ces hommes qu'on appelle heureux refsemblent parfaitement à nous autres infortunés.

XII.

Si, dans les maux qui vous affligent, vous pensez aux motifs de consolation qu'ils vous offrent eux-mêmes, vous pourrez les supporter avec moins de peine : mais si vous n'êtes occupés que de vos souffrances, si vous ne leur opposez pas ce qui doit les adoucir, vous ne verrez jamais aucun terme à vos douleurs.

XIII.

L'ESPÉRANCE est le bien qui reste au malheureux.

XIV.

O RICHE superbe ! toi qui leves ta tête jusques aux cieux, la mort bientôt saura te la faire baisser. Tu possedes aujourd'hui mille arpents de terre ; demain six pieds de terre suffiront pour ta sépulture.

N iij

XV.

Est-il un être plus malheureux que le pauvre ? Il dit la vérité, & personne ne veut le croire : il travaille, il veille, il se fatigue, pour qu'un autre usurpe & goûte tranquillement le fruit de ses peines.

XVI.

Toi seul, de tous les mortels, aurois-tu donc été formé pour être toujours heureux, pour ne faire que ce qui flatte tes caprices ? Si c'est à cette condition que les Dieux t'ont donné le jour, ils t'ont trompé, j'en conviens, & tu as raison de te plaindre : mais si tu as reçu la vie aux mêmes loix que nous, si tu respires l'air au même prix que nous en jouissons, tu dois supporter avec plus de résignation les maux qui sont notre partage. Tu es homme ; c'eft dire afsez que, de tous les animaux, tu es celui qui s'éleve à une plus grande hauteur pour retomber enfuite plus bas. Il seroit injufte d'en murmurer : car il n'eft pas d'animal plus foible que l'homme ; & cette créature fi débile eft celle qui s'occupe de plus grands projets, & dont la chûte entraîne le plus de maux après elle.

XVII.

LA parole caufe bien des maux ; fouvent elle a perdu celui qui l'a proférée : tais-toi, ou dis quelque chofe qui vaille mieux que ton filence.

XVIII.

NE regarde pas fi je suis jeune : examine feulement fi mes difcours sont ceux d'un homme prudent.

XIX.

Les animaux sont plus heureux & bien plus raiſonnables que l'homme. Voyez cette bête de ſomme, objet de vos mépris : il ſemble que le ſort ſe ſoit fait un jeu de l'accabler ; mais contrainte de ſupporter ce que lui impoſe la nature, elle ne ſouffre du moins aucun mal dont elle puiſse s'accuſer elle - même. L'homme ſeul n'eſt pas content de tous les maux que la néceſſité raſſemble ſur ſa tête ; il sait encore s'en forger de nouveaux : un éternuement porte le trouble dans ſon ame (1), une parole déſagréable l'ir-

____

(1) Les anciens regardoient les éternuements comme des préſages fâcheux : de là

rite, un songe l’épouvante, le cri
d’une chouette le met hors de lui ;
les procès, les préjugés, l’ambi-
tion, les loix que nos crimes seuls
ont rendues nécessaires, sont autant
de maux que nous avons ajoutés à
la nature.

X X.

Quand un pere réprimande durement son fils, s’il est sévere dans
ses discours, dans le cœur il est toujours pere.

X X I.

Sais-tu quel est le plus coura-
geux des hommes ? c’est celui qui
peut supporter sans se plaindre le
plus grand nombre d’injustices.

---

cet usage qui subsiste encore de faire des
vœux pour celui qui éternue.

XXII.

Si les pleurs remédioient à nos peines ; si, dès qu'on se plaint, on cessoit de souffrir, il faudroit acheter les larmes au poids de l'or. Mais la fortune est insensible à nos gémissements ; elle suit son caprice, sans écouter nos cris, sans remarquer notre silence. A quoi sert de pleurer ? à rien sans doute : mais hélas ! le malheur fait naître les larmes, comme les arbres produisent leurs fruits.

XXIII.

Il n'est point d'armes plus puissantes que la vertu.

XXIV.

La cupidité se tourne contre celui qu'elle domine. En voulant ravir le bien d'autrui, on est souvent trompé dans ses coupables espérances, & l'on voit passer sa propre fortune entre les mains des autres.

XXV.

TU prêtes une oreille crédule à la calomnie; tu as donc un méchant cœur, ou la simplicité d'esprit d'un enfant.

XXVI.

IL est trois souverains qui gouvernent despotiquement les hommes, qui seuls les font agir : la loi, l'usage, & la nécessité.

XXVII.

LA voix du vieillard est agréable au vieillard; l'enfant plaît au compagnon de son enfance; & la femme donne la préférence à son sexe : le malade est consolé par la vue du malade, & l'aspect du malheureux offre quelque douceur à celui qui gémit dans l'infortune.

XXVIII.

OUBLIE ce que tu as donné; souviens-toi de ce que tu as reçu. Mais la reconnoifsance vieillit promptement, & ne furvit guere aux bienfaits.

XXIX.

TU es pauvre, & tu époufes une femme riche. Ne dis pas que tu prends une femme ; dis que tu te livres à l'efclavage.

XXX.

CE sont les bonnes mœurs & non les riches atours qui parent les femmes : elles sont la ruine ou le falut des familles.

XXXI.

C'EST le temps qui met au jour

la vérité. Souvent elle se montre lorsqu'on ne pense pas à la chercher.

XXXII.

Nous sommes tous des sages quand il s'agit de donner des conseils : faut-il éviter de faire des fautes ? nous ne sommes plus que des enfants.

XXXIII.

Oser entreprendre beaucoup, c'est s'exposer à bien des fautes.

XXXIV.

L'ignorance ne voit pas même ce qui frappe ses regards.

XXXV.

Tu veux qu'on te rende justice ; sois juste.

FIN.